JN439769

인생은
예술이다

정해수 시집

| 시인의 말 |

「인생은 예술이다」 출간에 부쳐

긴 세월 나는 법의 이름으로 사람을 마주했다. 옳고 그름의 경계에 선 채 인간의 고뇌와 눈물을 들여다보는 일이 내 일상이었다.

때로는 냉철해야 했고 그 냉철히 마음을 가장 깊이 다치게 하기도 했다. 그때 이미 인간의 진실을 시처럼 배우고 있었는지도 모른다.

공직을 마치고 귀향했을 때 내 안의 시는 조용히 깨어났다 흙냄새와 새소리 사람 사는 냄새 속에서 다시 인간으로 돌아왔다. 문학은 나의 속죄이자 위안이었다.

귀향 초기 잠시 정치의 길에도 발을 들였지만, 사람의 마음을 바꾸는 건 제도가 아니라 진심이라는 것 곧 부질 없음을 깨닫고 초심으로 돌아갔다.

고향 마을의 새 물결을 일으키고자 농촌 개발에 뛰어

들어 문수골 가재마을을 만들고 전국 최초의 토종 가재 부화 및 양식을 하면서 생태 예술제를 14년간 개최했고 그 물결 속에서 또 하나의 시가 태어났다.

봉화의 르네상스 시대를 펼쳐 보겠다는 당찬 포부로 봉화예총에 몸담아 "인생은 예술이다"를 부르짖었고 그 걸음은 멈추지 않을 것이다.

시는 자연의 숨결이자 내 삶의 고백이며 또 다른 생명이다. 첫 시집 이후 스무 해 나는 다시 묻는다.

"인생이란 결국 무엇인가?"

그리고 이렇게 대답한다.

"인생은 예술이다."

사람과 자연 눈물과 미소 그 모든 것이 예술이다.

이 보잘것없는 시집이라도 누군가의 마음에 작은 위로의 빛으로 닿기를 바랄 뿐이다.

2025년 가을

봉화 문수골 가재마을에서 정해수

목 차

2부

3부

4부

5부

6부

7부

8부

9부

1부

세월

산모퉁이 묵밭 위
아지랑이 가물거리던 날
기별 없이 찾아와
이마에 골 깊은 주름살
서너 줄 선연히 그어 놓고
듬성듬성 머리카락
희끗희끗 물들이고
동강 난 수선스러운 사연
이어볼 여가조차 주지 않고
노란 은행잎 비단길
휘저으면서 휭 하게 떠나 버렸다
"가야 할 길이라면 흔적 없이 떠났어야지"
세월을 지키던
한 남자의 넋두리만
홀로 남아 적막하다

무례하다 이놈

무진장의 시간 위에 노닐며
빨리빨리 재촉으로 날밤을
홀랑 세우던 시절에는
어슬렁어슬렁 애를 태우더니
어느 날
넘지 않아야 할 고갯길 밟은 죄로
소리 없이 맴돌던 그놈
콘크리트 벽을 뚫고 몇 길 담을 넘어
촘촘한 미로 샅샅이 뒤지며
틈새로 틈새로 머리카락 홈을 파고
백색으로 분탕질도 모자라
디디는 자국마다 깊은 주름골 만들고
삭신을 쑤셔 되며
그 흔한 잠마저 앗아갔다
남은 시간 잡아 두려는 애원은
신음으로 방구석에 나뒹굴며
서럽게 흔들리는 그리움마저
기억의 저 바깥에서 길을 잃었다
뻔뻔한 그놈
세월이다

그때 그 겨울도 그랬듯이

낡은 가로등 힘겨워
졸고 있는 곳
소복소복 봉우리 만들며
봄 어느 날 본 듯한
열 지어 열 지어 벚꽃 지듯이
눈 내리고

그때 그 겨울을 그리워하며
간이역을 들락거린 한 사람도
서서히 퇴색해 가듯이
봄날에 맡기고 떠나간 그때 그 겨울도
돌아 갈길 조심스레 물었듯이
흰 꽃 사르며 꽤 오랜 날
문밖에 머물러 있다

이 겨울이 지나면
신작로 돌아드는 귀퉁이
아지랑이 가물거리는 곳
시 하나 남겠지

2013년 11월 단상

아지랑이 가물대는 봄 언덕에서
숨 막히는 폭염에 녹아가며
발갛게 짙은 화장의 단장한 자태도
주절주절 엮어둔 사연
이고 진 무거운 짐들도
서슬 퍼런 빗발에
싸늘히 바닥에 내팽개쳐 뒹군다
고개 떨군 백일홍
불타던 백일을 11월에 빼앗기고
가을을 열어주던 고추잠자리가 그린
짙은 노을도
영하의 수렁으로 함몰되었다

가을에 취한
가객 歌客의 울부짖음이 슬픈 날
나신이 된 은행나무 고목에 기대여
어느 한 사람의 독백이 있었다
“세월은 흐른다”

세월 2018

쫓아가는 걸음
되돌리지 못하고
엮어진 매듭
풀리지 않으며
화장의 요술로도
복원되지 않는
온통 불가능으로만 조합되고

고장 난 벽시계로
위안을 찾는 우둔함이
지혜로 치장되는
허풍 가득한 삶에
만족할 때

정시에 찾아온
낙엽이 몰고 간 시간

현재 상황 I

—2020, 3월에 쓰고 5월에 덧칠하다

매캐한 연막이 거리를 덮고
회색빛 적막이 아스팔트에 내려앉았다
입 코를 동여매고 말문마저 닫은 사람들이
쫓기듯 골목에 숨어든다
명줄을 이어줄 긴급생계자금으로 명명된
한 모금 코로나19에 취한 사람들
이따금 시장을 흔들며
경기 부양은 내 몫이라고 신바람이다
운명을 체온계에 맡기듯 이마를 내어주는
젊은이의 체념 탄식이 사회적 거리라는
긴 줄로 슬픈 아침을 만들고
잠깐 한눈판 죗값으로는 가혹한
14일의 구금 처분을 받은 이웃 사람의 하소연이
창 속에서 봄을 삭이고 있다

화려하던 작년 봄이
보안경 너머 쪽빛 바다처럼 반짝일 눈동자
마스크 속 촉촉이 젖은 그 사람의 입술이
그립고 보고 싶다

*코로나 상황

현재 상황Ⅱ

–2021, 6월은 간다

병든 대지 지켜보다
힘겨운 하루를
마무리하는 햇살
서산 저쪽에서
마지막 정열을 사르며
산봉우리 달구고
부엉이 연민의 울음 더해
발갛게 저수지에 가득하다

온통 싱그러움으로
출렁이는 계곡
주인 잃은 벤치는
칡넝쿨이 휘감아
메말라 버린 내 궁색한
그리움까지도 동여매어
6월을 보낸다

소시민의 야무진 꿈
말끔히 정돈된 7월이 오니까

*코로나 상황

2021

코로나19에 갇힌
역사의 운전대
그 불길 속에 사라진 일상
꽃피고 꽃 지는 줄 몰랐다
1월의 자리에
7월이 중턱을 넘고
한 치 앞이 가늠되지 않는
야릇한 시간들은
공정이 지배한다니
공제받을 몫

감성도 메말라
쏟아낼 눈물도 없는 인생선
거울에 반사되는 일그러진 초상
분명 나는 아니다

2024년 8. 15. 스케치

뭍과 물의 경계
익사체로 나신이 된
앙상한 고목 가지
이름 모르는 새들
여름을 쫓고
가을을 주워 모으느라
분주하다

폭염에
발갛게 익어 버린
고추잠자리
입추와 처서를 이고 지고
고난의 행군은
못 위에서
복수의 화신 되어
눈물겹다

그 날
해방의 기운이 보태어져
힘겹게 가을을 부르고 있었다

헛다짐

용암이 하늘에서 흘러 내린다
찜통 열통 가마솥 불볕
온통 수식어가 아스팔트에
너절하게 깔리고
등줄기
염도 짙은 땀방울 속에서

가을만 온다면

벼르기를 수만 번
작년에도 재작년에도 그랬고
내년 후년 내후년도 그럴 것인데

인생은
세월에 속아 살아간다는 명제 앞에
이 가을은 깊은 무상의 번민에 싸여 갈 것을
이미 알고 있으면서도

윤회 I

방황을 끝내지 못한
은행잎이 나뒹굴고
추억만이 초라한 달력 두 장
넋 빠져 멍청이
가는 세월 잡지 못했다고
원망 가득한 눈길만 준다

내성천을 통째로 삼킨
은어 몰이 떼도
메밀꽃 흐드러져
덩이 그리움 뿌린 그곳에도
송이송이 돈 송이로
산꾼의 갈증을 채워주며
송이 통 널브러진 풍성한 거리도
세월이 휩쓸고 간 황량함만이
아스팔트 위에 서성인다

고요 속의 태풍을 꿈꾸던

글쟁이들의 땀에 젖은 글귀도
바위틈 이끼 되어 묻히겠지
시간을 몰아세우는 석양빛조차
단풍 닮아 붉은 날
그놈의 세월 그렇게 가는가 보다

2부

가재의 일생

도도한 걸음걸음
심산유곡 휘젓고
인간의 몰인정이 뿌려 놓은
메케한 세상에도
돌 짊어진 배짱으로 버티어 왔다

앙칼진 외로움 문수산을 짓 눌려도
고고히 고고히
땅을 파고 돌을 이고
홀로 신열을 삭이면서 살아왔다

뼛속까지 파고든 허기에도
신선을 고집하며 왼고개 틀며
곁 눈길 주지 않았다
그냥
사라졌을 뿐이다

환희

–가재 찬가

문수산 속살에 묻혀
천년을 고고히
빗장 친 대문 열고
큰 기지개로 엉금엉금
함박 웃음으로 꿈틀댄다

작은 무리의 뭉침으로
너의 이름 붙잡아
태고의 신비가 가득한
이곳에 묻어 두련다

가슴을 붉게 달군
노란 깃발이 팔랑거린다
손끝까지 환한
희망의 불꽃이다

묻지 마세요
–가재의 푸념

어떻게 살아왔느냐고 묻지 마세요
그리고 어떻게 살아갈 것이냐고도 묻지 마세요
당신이 준 것만큼 살아왔고
그리고
줄 수 있는 만큼만 살아갑니다

문수골 가재

살아생전
문명으로 치장한 계곡
외면하고
외로움으로 박제된
집게발로 버티며
앓아누운 대지의 잔해
이고 지고
문수골에 살으리랏다

가재잡이

계곡
전운이 감돈다
현란한 동작
탈출의 귀재
광풍이 일고
숨 막히는 백병전
고요가 지나고
집게발을 높이 들고
백기 투항이다
종전 선언이 따르고
혼줄을 놓은
그날
해가 있던 자리
달이 차지하고 있었다

가재의 다짐

문수골에 천년 집을 지으려던 파란 꿈들
인간이 저지른 만행 앞에 일그러지고
때로는
질기지 못한 생명력에 스스로 탄식하며
계곡의 비극을 지켜보던 애절한 눈망울
바위에 새겨 두고
익숙한 고독 안고 아픔도 삶이라며
보따리 동여매고 집게발로 헤집으며
계곡으로 계곡으로 파고든다
돌아보는 눈길엔
행복했던 지난날로 되돌려 보려는
서릿발 같은 각오
계곡에 서린다

3부

설죽님* 전상서

고요가 지나 적막이 싸인 타향에서
여종의 멍에
신분의 높은 장벽을 한탄하며
불렀을 님의 망향가
청암정에 서려 있고

온통 그리움만으로 보낸
인고의 순간들
그 한숨은 봄바람 되어
닭실에 하늘거리고
눈물 지워지지 않고
석천에 흐릅니다

애틋한 첫사랑의 연가
450년이 지난 오늘에야
사모의 정을 담은
후배 글쟁이들의 낭랑한 목소리로
음률 따라 울립니다

설움 거두시고 문향 봉화에 영면하시며
흠향 하소서

*설죽 : 조선시대 봉화 닭실 마을 출신의 기녀 시인

귀향 I

–설죽 고향을 찾다

족쇄에 채워진
위대한 여인의 기구한 삶이
싸한 가을바람으로 석천에 흐르고
기다림에 한이 되어 하얗게 세어버린
갈대의 서걱대는 소리는
450년 망향의 신음으로
골짜기에 멈춰있다
온통 그리움으로 도배된 이 곳
석천 서쪽

님이시여
그 족쇄 풀어 백설봉* 너머로
던져 버리고
장벽 무너뜨려
붓대의 위엄으로
천지를 희롱 하소서

*백설봉 : 닭실 마을 뒷산

귀향Ⅱ

–설죽 고향을 찾다

갈 바람도 쉬어가는 길목
막냇동생 운선과 손잡고
천진난만 헤집던 그곳
돌아오지 못할 칠흑 같은 이별이 있고
청춘이 삭아진 정 없는 타향에 나뒹군 흔적
시가 되어
울며 밤 새우는 내성천을 달래며
옹이가 된 천년바위로 석천에 자리하고

임이 부른
“달 떠오르면 보고 싶어서 꿈에서 만난다네”
그달
자태 고이 간직하며 호골산에 걸려
님을 마중하는 이곳
고향 번영의 상징 은어·송이테마공원으로
낭랑한 목소리로,오선지의 음률로
영원히 잊지 않고 함께 하자는 다짐의 장입니다
봉화사람 님이여
흠향하소서

귀향Ⅲ
–설죽 고향을 찾다

가을을 품고 있던 들국화
석천의 냉기에 고개 떨군
겨울 언저리
걸음마다 자국마다
그리움과 아쉬움만이
남아있는 님의 자취
묵객의 열기 훈풍으로 찾아봅니다

서러움 머금고 자라난
고향 산천을 두고
망향가를 불러야 했고
이루어질 수 없는 스쳐 간 사랑에도
연가를 불러야 했던
한 많은 인생사

450년 긴 세월
진한 울림으로
도도히 내성천을 따라 흐릅니다

임이시여 영면하소서

귀향Ⅳ
–설죽 고향을 찾다

임이 있어 행복한 문인들의
낭랑한 소리에
서리 맞은 들국화
고개 들어 반기는 석천
하얗게 단정히 늙어 버린
갈대의 외줄기 꽃대가
하늘하늘 시를 부르며
쉼 없이 시상을 품어 내는
물소리에 취하는 한 낮
시 밭을 갈고 닦으며
다듬는 후배 문인들의 열기
님의 울이 되어 문향을 만듭니다

임이시여!
이제
연정에 굶주리지 않고
망향에 애타지 않는
옥필로 수 놓으며
천하를 치마폭에 감싸소서

내가 찾은 석천에는

–2021, 설죽 예술제에 부쳐

가을비 스산하게 잦아드는
석천을 찾은 오후 한때
농익은 설죽 얘기 품은 단풍이
또 다른 전설을 만들고 있고
반석 위로 옥수 같은 계곡 수 흐르다
때로는 하얀 포말 일으켜 수줍은
버들치 숨겨 주며 여유롭다
청암정
나으리의 글 읽는 소리
쫑긋 세운 토끼 귀로 엿듣던
대청 아래 그 자리에는
귀뚜라미
동아줄에 묶인 상놈의 멍에와
가는 가을 함께 잡고 목이 메인다

서산 저녁노을 가쁜 숨 몰아쉬는 곳
초승달 지고 나면 그리움으로 채운 밤이 오고
별이 시를 쓰고 풀벌레가 낭송하는
님의 혼으로 장식된 글방이 되겠지요
흠향하소서

내가 찾은 석천에는

–2022, 설죽 예술제에 부쳐

지엄한 반상의 법도
붓대로 휘어잡고
세상을 노리개로
치마폭에 싸안고
희롱하던 님의 기개
고스란히 이어받은 억새
북서풍 등에 지고
하늘하늘 가을과 노닐고 있다

보고픈 고향의 정 삭혀 빚어낸
석천 서쪽 마을
님의 망향가로
저녁놀 만들고 있었다

4부

인생은 예술이다

오늘도
어김없이 무대는 세워지고
조연이 아닌 나의 삶을 연출하는
주인공으로 또 인생의 역사를 쓴다

버려진 편의점 앞 컵라면 봉지처럼
구겨지고 얼룩진 어제의 인생은
햇살에 말려 진한 붓질로 덮고
맑고 흐리고 춥고 덥고에 따라
음표와 음계를 오선지에 그려놓고
소중한 진실은 시로 빚어진다

대사를 잊었고
동작은 절름발이다
비밀번호 오류 4회의
경고등이 깜빡거려도
고난과 역경의 훈장이
양 가슴에 가득한데

거뜬히

객장이 무너지는 환호로

오늘이라는 무대를 밝힌다

고향별곡 I

버선발로 뛰어나온 자식 바라기 모정
긴 목 빼어 든 산나리 되어 기다리고
산까치 맴돌며 지켜주던 초가삼간
고향이라는 이름으로 남아
흰머리 성성한 유랑자 추억
눈물 되어 흐른다

*대중가요의 가사용으로 지은 글임

고향별곡 II

헝클어진 단발머리 매만지던 소녀의 손길
세월에 낡아버린 고목 잡고 부르고
그리움 조각조각 밤에 우는 달맞이꽃
수줍은 첫사랑 흔적으로 남아
흰머리 성성한 유랑자 추억
한숨 되어 떠돈다

*대중가요의 가사용으로 지은 글

내성천의 밤

Ⅰ

갈대숲 거닐며 사랑에 취한 그날 밤
은어 떼 은빛 환호 사랑은 영글었지
죽도록 보고 싶은 애절한 사랑
이렇게도 허무하게 깨어질 줄이야
그리움 비가 되어 봉화대교 울리고
술잔을 기울이며 울며 새는
내성천의 밤

Ⅱ

백사장 거닐며 사랑에 취한 그날 밤
물새들 울며불며 사연 담은 사랑의 밀어
돌아오지 못하는 애절한 사랑
이렇게도 허무하게 깨어질 줄이야
비에 젖은 가로등 그리움 태우고
술잔을 기울이며 울며 새는
내성천의 밤

*대중가요의 가사용으로 지은 글

득도

인생의 무게만큼
짙은 적막이 계곡을 짓누르는
가을비 내리는 밤
뚜렷이 생각에 잠길만한
사연도 없으면서도
혼자 허우적대는 것은
이 나이 때쯤의 가혹한 선물인가

수년 전 세월의 몸살을 앓는 듯
또래들의 대취한 날
노래방 기기가 터질 듯이 부르던
"고장 난 벽시계" "나이야 가라" 괴성에
"청춘을 돌려다오"로 생떼를 쓰던 그들에게
연민의 정을 보냈던 죄로
오늘 이 고통의 시간을 맞고 있나 보다

황홀함에는 어둠이 있고
세월은 흘러간다는 것을
나 일찍 알지 못해
실없는 가을비 속에 빠져들고 있나 보다

술에 대한 단상

기쁠 때 슬플 때
외롭고 괴로울 때 동행자
어제는 십 년 갈등의 해결사
오늘은 이십 년 견원지간의 화근이다

조여드는 지갑 사정과
멍든 몸은 남은 과실
딱 한 잔만은 거짓말의 시작이고
전혀 취하지 않았다는 것은 거짓말의 끝

산처럼 물처럼 그리고 가재처럼

산이 있어 산이 좋고
물이 있어 물이 좋다
더불어 함께하는
사람이 있어 좋다

집게발에 들춰진
천년 불꽃
문수산 깃발 되어 나부낀다

병마에 할퀸 세상사
두 겹 세 겹 씻고 달래어
마음은 자유 천지
물이 되어 흐른다
산이 되어 싱그럽다
도도히 가재마을 되어 솟구친다

여유

씻어 가는 계곡물
생존의 소용돌이 속 아픔도
잔뜩 달아오른 열정도
묻혀 가고
간간이
서럽게 흔들리는 그리움
남풍에 실려 사라진다
어제는
추억 속에 잠자던
옛사람들의 그림자
북풍에 실려 왔다
곧 사라질 영상이다

남은 세월에 대한
잔잔한 애착
생의 음표를 그리며
산 능선 노을빛 악보 위에
환하다

요즘 하루는

석양
붉게 노을 그리며
마지막 숨을 몰아쉰다
또
그리움에 젖을
긴 밤이 올 것이고

그 밤 새고나면
제 몸을 빙점에서
피우는 꽃 상고대 입김 따라
노쇠한 더듬이로
추억의 광장을
헤집을 것이다

이런 삶

더러는 비틀대는 걸음으로 진리를 보고
짙은 화장 지워 버린 있는 모습 그대로
읍내 장터를 활보하고
걸작 인생을 부러워하지 않고
양심을 무게 있게 담고
회전 그네의 축이 되어
빙빙 도는 하루를 안고 사는 삶

포장된 헤픈 웃음 그치고
웃음과 울음만을 분간하는
천진난만한 세 번째 돌을 맞는 아기처럼
뒹구는 낙엽을 보고 스쳐 간 사람들을 기억하고
가끔은 뻐꾸기 울음에 얼비치는
손때 묻은 고향집 문설주를 더듬어 보는
사람의 삶

인생선

악쓰고 바둥되며
모질게 살지 않아도 된다는
바람의 말에 귀 기울이지 않고
제 살 깎아 물길 터주고
실오라기 물줄기로 연명하는
도랑을 보면서도
가늠하지 못하고

긴 세월 베고 누운 철길
시간이 질주하는 초로의 인생선으로
감정이 교차되고

삶의 틈 사이로 스며드는 외로움을
조각조각 붙여 한 편의 시로 쓰며
어쩌다 애먼 세월이나 탓하는
허망한 시간을 잡고
한낮을 소비하고 있다

5부

잃어버린 가을

매미 제철 지났다며
떠나던 날
가을 첨병 귀뚜라미
후미진 창틀에 자리하고
닿지 않는 신호에
전신을 떨며 운다
입추는 여름 한가운데로
빨려 들고
가을을 몰고 온다는
마법사 처서마저도
염천에 녹아
백기 투항한 2025. 8.23일
가을을 찾는 비명이 길 위에
불덩이 되어 나뒹군다

친구에게
–늦가을비 속에서

철겨운 비가 내리고 바람이 부네
남루한 옷을 벗은 느티나무는
말기 암 투병 중이던 그 친구의 앙상한 몰골처럼
하늘을 향해 두 눈 꼭 감아버렸네

앞 냇가 무색의 물은 검게 타들어 가고
하얗게 늙어버린 갈대가
한 세상 잘 살았노라고
오늘 낮엔
허리 굽혀 인사를 하더구먼

그동안 가깝지 않은 주변을 떠돌던
아픔의 조각들은
가슴속에 빗물 되어 배어들고
이젠 한 방울 눈물까지 말라 버린 모양이네

배슥하게 걸려 있는 곧 찢겨질 한 장의 달력은
기울게 살아온 우리 삶의 증거로

나를 응시하고 있네

자네들이 떠난 빈 골짝
비에 젖은 낙엽들이 질기게 버티고
초겨울 여린 햇살이 소복이 추억을 모아주네

가을 길목에 서다

떨어진 꽃잎 주워 들고
눈물 훔치던 그 손수건이
채 마를 겨를도 없이
귀뚜라미 울음 처량한 단조 되어
갈바람에 실려 처마 밑에 멈춰있다
소설 같은 어처구니없는 삶도
인생의 한 장이라고 혼자 실소를 지어보며
그믐밤에 떠돌던 방황도
출렁이며 곡에 하듯 불사른 푸른 날도
회한과 아픔만을 간직한 듯한
낙조의 쓸쓸함에 동화되는 시간
또 야무진 다짐만이 가을을 가른다

가을 유감

물오른 갯버들 쪼아대는
물새의 봄노래가 아득하고

여름내 정리되지 못한
아쉬움 덩이
성급한 한 폭 갈바람에 싸여
저만치 언덕배기로 밀려났다

노오란 산수유꽃 지면
잊혀 질것만 같은 아픈 기억들
빨간 열매로 환생하여
초롱초롱한 눈빛으로 주시하고

이맘때쯤 찾아드는
청둥오리 떼의 수다운 날개짓에
어둠이 벗겨지면

시인의 가슴은

더 붉게 타는 가을이 되어
그리움으로 가득한 저수지를
헤집고 다니겠지

가을의 하소

억울합니다

인간의 갖은 만행으로
엘니뇨,라니냐란
해괴한 현상을 만들어 놓고
밀고 당기고
단명으로 만들어
가진 건 단풍인데
제 색깔 한번 못 내고
급랭으로
푸르죽죽 사위어지고
그 짐
저만 오롯이 지고
사라지라 합니까

가을이 만든 풍경

갈대에 얼비친 노오란 석양
다랑논 언저리에 멈춰있고
한 자락 바람
낙엽 한 무더기 휩싸 떠나고
바둥대며 달라붙은 야윈 은행잎에
인생을 반추해 보는
어느 인생 나그네의 독백도 있다

올 가을엔 사랑할 거라던
긴 머리 소녀의 수줍은 볼
단풍으로 물들어 애잔함을 더 하던
늦은 오후
단풍이 만들어 놓은 긴 터널 속에서
한 사람
가을을 앓고 있다

낙엽 단상

자연에 순종하며
가을 채비하던 가녀린 손길
인간이 저질러 놓은 영하의 역풍에
나락으로 내팽개쳐진
발갛게 단장 하고픈 속내
끝내 암적색 멍울로 삭이고

녹색의 향연에 하염없이 젖은
부글부글 끓어오르는
그 여름날의 풍성함은
한 장 추억으로 자리하여 두고
철 잃은 가랑비에 낙엽 되어
찬 시멘트 포장 위에
단호하게 입술 깨물며 혼자 버티고 있다

그때
장끼 두 마리 사라지는 서산 저쪽
초가을 고추잠자리가 그려 놓은 빠알간 수채화가
노을 되어 타고 있다

늦바람

간밤 불던 바람
등줄기 오싹한
정치 낭인들의
야만스러운
북풍이 아니었고

더욱이
주제넘은 여인의
거센 치맛바람도
주색잡기에 골몰하여
흐느적거린 어느 노인의
바람도 아니었다

긴 여름날
만신창이가 된
제 몸 추스르고
계곡 타고 국화 잎새 따라
스며들어
세월의 시계 앞에
멈춰 선 가을바람이었다

단풍 애가

천지가 열병으로
신음할 때
온몸으로 삭이며
싱그러움으로
의연했지만

버티다가
못내 터져버려
선혈로 피어난다

더 아픈만큼

무지몽매한 인간의
탄성은 커지는
야속한 현실이지만

속울음으로 피어난
단심丹心

헤아려 주는 날
삭풍이 불기 전

지련다

또 가을은 지고

아직 입동이 멀찍이
자리하고 있는데
가을을 난도질한 앙칼진 바람
세월에 낡은 감나무 발가벗기고
설익은 감 매달려 애처롭다
천병天病의 광란에 떨고 있던
창백한 낮달
꼬리체 감춰버린 뒷골

떠난 이의 명줄 이어간다는
등 굽은 여인의 한숨이
서산 노을 만들고 있는 곳
구절초 혼자 남아 입술 깨물며
파르르 생을 마감한다

만추 소야곡

칡꽃 뚝뚝 떨어져
물 위에 수놓던 한 여름날의 환희
붉게 타버린 적막으로 장막치고
옷깃 여민 햇살 서산 유리창에 서성인다
찬 바람 나지막이 창틀 두드리며
가을이 제 길로 돌아간다고 기별한다

오차 없이 찾아오는 이맘때쯤
무거운 가을을 지고 있는 한 사람
외로우면 그리워하라고
그 그리움은 남은 자의 분배된 몫이라고
가부좌 틀고 앉아 열병을 삭이고 있다

벗을 것 다 벗은 속살 드러낸
늙은 감나무 가지에
참새 울음마저 차갑다

어느날 오후

세월에 기대어 쓴 사연
황량한 바람에
날려 버리고

흩어진 마음
주워 담을 수도 없는
초가을 오후

텅 빈 가슴 안고
마당 귀퉁이
엉거주춤 멍한 자리

따스한 날에
묻어 두었던 정마저
돌아서 가는 오후

입추 스케치

어젯밤 귀뚜라미 울어 산방을 물들이고
오늘은 잠자리 날갯짓으로 가을을 불러 모으고 있다
산방을 태워버릴 듯 기세등등한 여름 한낮의 푸념도
정녕 그리워지는 것은 세월은 흘러간다는 명제 앞에
감고 가야 할 연륜의 무게가 너무 무겁다

한 때

고요가 두려워 떨고 세운 밤도 가을이었지

올가을엔 타임머신을 타고
기억이 닿는 곳까지 마구 내달려
철수와 영희 그리고 바둑이가 뛰놀던
그때 그곳 그 가을에 묻혀 살으련다

6부

산수유꽃 여인

한낮
간간이 불어오던 그 남풍
여인의 입김 서려
지독한 한파 녹이고

작년
낙화로 외로이 울며 떠날 때
흘린 눈물자국
밭 가운데 선명한데
만남 뒤에는 헤어짐이 있다는
명제 앞에서도

사랑하니까
또 아파야 할 추억을
아름다움으로 삼키는
꽃에 그려진 노년의 사랑

세월의 주름이 깊어진
이 봄

띠띠미*의 어느 봄날

300년 고목의 기지개로
빙하의 벽을 뚫어
봄이 열리고

두곡**의 곧은 혼이 뿌린
노란 물결
하늘과 땅엔 황홀경이다

길목 길목마다
노란 경고등
역병은 "물렀거라" 호령하고

노랗게 꽃향기에 취해
행복이 만삭이 된 사람들
걸음걸음이 봄을 밟는
한나절이다

*띠띠미 : 경북 봉화군 봉성면 동양리의 산수유 마을
**두곡 : 띠띠미 마을의 남양 홍씨 입향조 홍우정님의 호

띠띠미, 또 한 자락 그리움이 있다

–친구 승현이의 영전에

산수유꽃 필 때쯤이면
어김없이 발신지 서울
인정만으로 다져진 그 친구
투박한 띠띠미 사투리에
세련되지 못한 한양 말로 조합된 그 친구
"산수유 시 낭송회 올해도 하나~~?"
녹록지 않은 현실에 망향가나 불렀을 그 친구

산수유 꽃망울 만삭으로 부푼 어느 날
한 통의 메시지는
이승과 저승을 분명 하게 갈라놓았지
가슴이 찢어질 듯 얼룩진 그리움만
짙은 구름 나즉한 띠띠미에 남겨 두고

산까치 밤 지새워
올해도 노오란 산수유꽃 피웠다네
문객의 심금을 울리는 노래도 있었고
한 마당 한풀이의 모든 것
자네 몫으로 전하네
흠향하게나

매미, 울 수 밖에 없었다

짝을 찾는 애절함도
더 크게 울어야 선택의 기회를 얻는
얄궂은 사랑 앞에
뱃살이 갈라지듯 울어야 했고
지천으로 깔린 조명, 열대야
낮밤이 구분되지 않는
인간이 저질러 놓은 혼란 속에
미개한 처지를 비관하며 울어야만 했다
5억 5천만 년의 유구한 조상의 역사
이어 가려고
혼신의 정열을 바친 짝짓기로
수컷이란 이름으로 종말을 고하고
산란으로 생을 마감하는 암컷의 운명
7년여 땅속에서 죽음을 따돌리고 태어나
한 달을 넘기지 못하는 폭염 속의 삶
서러워 울 수밖에 없었다

주야장천 울어야 된다

머무를 수 없는 사랑

어느 날
말없이 건네는 눈빛 하나도
오랜 세월의 사랑이듯
가슴에 고요히 담겼었고
가끔은 바람 속에서
당신의 야윈 손 잡아보고 싶지만
그 순간조차
어떤 슬픔이 될까 두려워
가만히 마음만 붉어졌었지
당신의 체온 하나 목소리 한 조각도
박제된 추억으로
가슴속 한켠에 묻어 두고 싶은

그 사랑은
서러운 사랑이었다

명불허전

–억새 단상

예사롭지 않았다

뿌리까지 도려내는 독약을
몇 번이고 마시고도
송곳처럼 뾰쪽한 몸매로
영산홍 터 잡은 곳에
숨어 살아 남더니

칭년기
몸에 날을 세우고
잡는 손에 선혈이 낭자하도록
해코지하고

노년기
엊그제부터는
제 몸에 맞지 않은
긴 머리 소녀의 머리칼 같은 꽃대에
연분홍 보풀 살랑이며 허공을 쓸어

그 무시무시한
폭우
폭염
열대야
한순간에 내치고
무혈 쿠데타로
가을을 불러 자리에 앉혔다

억새는 억세다

산나리 유감

허우적대는
야윈 허리
긴 목 빼어 들고
이맘때쯤 열병
허공에 서성인다

용케도 찾아낸
하얀 그리움의
젊은 풍경 하나도
새까만 아픔으로만
배어나는 한낮
절름거리는 영상으로
일그러진다

칼 같은 고독으로
버티고 있으려다
퇴색되는 꽃잎으로
절규한다

이 긴긴날

산수유 꽃 앞에서

아롱다롱 마음 바쳐 매달아둔
긴 겨울밤의 사랑 이야기
칼바람 한 폭에 싸여
폐 담장 한구석에 움츠려 있고
아직도 정리되지 못한 사연들
어수선한데

산수유와 살다가 산수유 속으로 떠난
어느 박복한 여인의 삶이 녹아
꽃이 되어 핀다

남아 있는 그리움들이
한 폭의 그림으로 그려지다가
산수유꽃 그늘 아래 시간을 품고 누웠고

가슴 태운 얘기들
붉은 저녁놀 만들어 고별사를 한다,
내년 산수유꽃 환생할 때 함께 온다고

산수유 봄은 멈추지 않는다

나직한 구름이고 노오란 봄에 취한 고목은
동강 난 그리움과 추억의 자투리로 박제되어
밀리고 뺏기고 저만큼 자리하고
총총걸음으로 봄을 실어 나르는 한 폭 바람
고개 너머 복사꽃 찾아 떠난 언덕에는

허접한 선술집 어느 친구의 푸념조차
그리움으로 일깨워지는 한 낮
바쁜 봄을 잡고 멈춰 보려는
산수유꽃에 매달린
어느 초로인생의 손길이 가엾다

환생

작년
비가 슬프게도 내리던 날
낙화 봄을 잡고 도랑물에 실려
동구 밖 지나 아래로 아래로
먼 길 떠났었지
돌아오지 못할 것 같이

봄의 기척이 있던 어느 날
환생의 일기 새파란 비단에 수놓고
장승 되어 서 있는 노목에
노란 수채화를 그리며
한겨울 고독을 만지작거리며
멍한 시간들에 파문을 일으킨다

삶의 닻을 올린
행복한 눈길들 섬광 되어 골짝 밝히며
진한 향 가슴으로 마시고 있다

그 꽃 필 때쯤

삼동을 넉넉히 삼킨 미나리
철 이른 봄볕에
졸고 있는 앞내 건너서면
긴 세월 숱한 사연 품어 안고
풍상의 깊은 상처 화석이 된
그 나무

잘못 배달된 봄소식은
온천지 하얀 도화지를 만들고
절절한 사랑
가지마다 눈꽃 되어
매달려 떨고 있다
가슴 속까지 노랗게
달빛에 취해 보려는 밤
기다림에 애타는 밤이다

7부

봄비 오는 날의 단상

세월의 흔적이라기에는
너무 모진 아픔으로 얼룩진
지난날의 얘기들이 열 지어 흐르고

꼭 짚어 단죄해야 할 사연도 없으면서
회한의 눈물인 듯 볼을 적시는 것은
인생의 몸살을 앓고 있는가보다

동강 난 사연 주섬주섬 주워 모아
또 하나의 삶을 엮어
혹독한 삼동을 이긴 산수유꽃에 바치는
기다림에 한이 된 어느 문객의 바램이
노오란 꽃망울로 맺혀 나는 오후

낙화

침묵이 무겁게 깔린 골짝
어느 봄날 소리 없이 자리 잡고
달빛 속에 하늘하늘
늦깎이 속삭임도
절제된 사랑도 가르쳐 주고

어느 날
불타는 정열도 못내 삭이며
응고된 그리움은 간직한 체
멍든 노을 아래 지고 만다

이 밤 자고 나면 떠날 줄 알았지만
너를 사랑할 수밖에 없었다

들국화

연보라 가냘픈 꽃자락 이고
콘크리트 길바닥 틈새
모질게 뿌리 박아
늦가을 찬바람도 굴하지 않고
버티고 있다

서리꽃 하얀 이른 아침 너를 만나
진한 슬픔을 삼키는 것은
방황하던 10대 어느 날
너의 이름을 빌린 영화였다

50년의 흔적을 더듬어 찾아온
눈물 머금고 서럽게 피어난
지독한 그리움의 꽃이기에

발길 멈춰 가슴 아프다

상사화

기다림 그리고 그리움이
한이 되어 넋으로 피어
여름 한 낮
밀려오는 보고픔의 갈증을
긴 목 빼어 들고 작렬하는 태양에
태워져 가며
연분홍으로 얼룩진다

슬픈 노정
앞서거니 뒤서거니 숨바꼭질 사랑은
세상 사람들의 노리개로 안겨 줄까 봐
잡초 무성한 뒤켠에 숨어서 운다
죽을 만큼 사랑하였기에 잊고 싶다더니
겹겹이 아픔만을 덧칠한 몸으로
삭아져간다

겨울 풍경

앙칼지게 또 표독스럽게
내려앉은 겨울을 본다
세월이라는 모진 아픔을
힘겹게 지고 버티고 있는
어느 초로인생의 이야기는
시간의 무게만큼 굴곡진 삶의
슬픈 노정으로 얼룩지고

번뇌를 떨쳐
시리도록 맑은 풍경 소리를 그리는
속세 중생의 야윈 소망은
추녀 바람길에 매달려 울고 있다

군불을 지피면서 세월을 삭이고
속죄의 기도를 올리는 것도
겨울이 만든 풍경이다

폭우

켜켜이 쌓아둔
응어리진 분통
한풀이 하듯 두드린다
벌겋게 상처 난 들판
뼈대만 앙상하게 또 벗긴다

“밤새 무사하셨나요”

안부까지 쓸어 갔다

雨水 단상

냉기 달아난 골짝
응고된 시간을 녹이며
진종일 봄이 내린다

인생
윤회의 소풍 길
두터운 나이테에
휘 한 겹 또 둘러놓고

마디마디 세월의 신음이
우수수 내린다
속절없다

어느 봄날

간밤 스산한 바람
소쩍새 하소연에 물러가고

앞산 뻐꾸기가
그리움을 불러
마당에 앉힌 한낮

어젯밤
영산홍 꽃망울 터지는 소리에
개가 밤잠 설치더니

그곳
흐드러지진 봄이 질펀하다

봄 마중

가느다란 북풍 한 자락
스쳐 간 음지쪽 골짝
위엄 떨치던 얼음벽
희끗희끗 고별의 흔적을
남기려는 듯
숱한 사연 고드름으로 드리우고

마당 한구석
아직 때가 아니라며
조심스레 얼굴 내밀던 햇살도
봄을 잉태하고 보름 때쯤 오겠다고
총총걸음 서산으로 떠난다

그날은
임 마중의
장승이 되어 있겠지

봄은 오고 있다

바싹 마른 풀섶 사이
삭풍 속 곁 눈길로
인색한 봄볕 훔쳐 쪼이며
장만한 초록의 잎새
입춘 우수도 한참 지났는데
치매 앓는 동장군
봄의 문턱에 매달려
아등바등 되며 심술이다
그래도
산수유꽃 긴 침묵 깨고 일어나
노란 미소로 봄을 알린다

8부

어머니

짙은 구름 나직하던
어느 가을
당신이 떠나신 날

곱게만 흔들리던
코스모스
너의 모습이 야속해서
울먹였지

속 울음조차
절제된 단풍으로 묻어나는
당신이 떠난 가을
올해도 찾아왔다

폐 담장 한구석
철없이 산들대는 코스모스
바라보며
진하게 묻어나는
당신의 그리움

그때 그 길에서

맨주먹 맨발로 일궈낸
삶의 흔적
고스란히 수장된 저수지에서
물새 울음 사이로
잊힌 이름들이 음표를 만들고
잦아지는 부고장에
가슴 쓸어내린 멍한 한낮

저쪽 길모퉁이
공공근로라고 이름 빌린
노인네의 힘겨운 하품이
골짝의 기지개로
나른한 낮을 지킨다

노인과 허수아비

허허한 들판
허수아비
어디서 맞춰 입혔나 덕지덕지 꼬질꼬질
덮고 걸치고 허물 벗은 인간의 잔해들

하늘에서 빌려 온 듯 철 지난 강남 여인의 벙거지
삐딱이 쓰고
순교자가 되겠다고 십자로 버티고 있다
허기진 새들
고마우신 노인이 만들어 준 쉼터라고
온몸에 달라붙어 조잘대며
노인의 심장을 쪼아 댄다

엘니뇨 라니냐 핑계로 제멋대로 자란 들깨
아예 누워서 가을을 즐기고 있는 밭 가운데
등 굽은 노인의 힘겨운 낫질
종일 해를 보내고 있지만
밭고랑은 줄어들지 않고

체념한 해

초이틀 달에게 노인과 허수아비 넘겨주고
서산에서 할딱인다
내년에는 등 더 굽은 노인으로
들깨밭에 허수아비로 서 있겠지

석교*의 영전에

이 글이 30년 후쯤에나
자네가 나에게 보내어야 할 글이 맞다는
긍정을 앞세우면서 쓰네
1982년 20대 중후반으로 우리 만났지
하루에도 수십 명의 범죄꾼이 우리를 에워싸고 있는
공간에서 자넨 황량한 벌판의 꽃이었어
미소 속에서도 상대를 강하게 제압하는 능력의 소유자
고 그리고는 30년의 세월이 흘러 예천군의 어느 행사장
에서 만나 문학에 심취한 나를 보고 그길로 같이 가자고
했지
무엇이 그렇게 급한가, 10년도 못 채우고
홀연히 다시는 볼 수 없는 길로 떠나 버리고
이제 유작이 되었네만 작년도에 발표한 시제 "사과 농사"
에서 "내 평생 농사 중에 사과 농사는 짓지 않겠다고 한
것이 죄가 되었나, 은퇴 후에 죗값을 혹독하게 치르고 있
다"라는 시구는 자네 스스로의 길을 예언 했었지
사과가 빼앗아 간 사과에게 바친 석교가 되어 버렸어
저승에서는 문학의 밭으로 사과를 불러 들여 맘껏 노래

하게나
앞서거니 뒤서거니 할 뿐이지 모두가 가야 할 길일세
영면하시게

*석교 : 故 이일동 시인의 호

막차

깃 접은 노을
등에 지고
막차가 온다
등 휘어진 할머니
팽개치듯
인연을 접어 버린다

매캐한 연기로
몸을 숨기고
가래 끓는 고함지르며
달을 찾아
동쪽으로 동쪽으로
내달린다

세월에 낡아버린
지팡이 금속음
딸그락딸그락
무거운 고요를 깨고 있다

두 노인

한 손으로 보행기 잡고
천근의 걸음으로
잡초를 뽑으려다
노인이 뽑혔다
젊음을 다 벗어 놓은
앙상한 뼈대로
엉거주춤 일어나
양지쪽 방벽에
봄볕 잡고
잇몸을 오물거리며
질깃한 인생을 잘근잘근
씹고 있다
얼굴에 새겨진 골 깊은 주름이
일그러지며
가쁜 숨 몰아쉬며
시간을 채우고 있다

사월 초파일

바위 위에 피어난
여인의 불심이 녹아 응고된
한 송이 패랭이꽃이
마중하는 길모퉁이

삼보에 귀의하라는
진한 울음의 소쩍새
축원이 있어 번뇌에 슬픈 밤

은빛으로 얼비치며
온통 싱그러움에 취해 흘러가는
철부지 도랑물 따라
달마저 일그러져 저문다

이웃사람은

멍청하듯 지혜롭고
어설픈 듯 깔끔하고
없는 듯 있으면서
배추 속 차듯 다져진 후
앞서거나 뒤서거나
명패만 남겨두고
떠난 이를 제하고
남은 사람들

정한情恨

–산수유꽃 소묘

낮달마저 노오란 날
두고 가는 정 서러워
광목 저고리 소매에 눈물 훔치며
서울로 떠나던 누이의
보따리 위에 얹혀 가던 꽃

손가락 피멍울로
앓니 삭여가며
가난을 벗기며
날밤 새우던 어머님의 꽃

지독한 한파 속
먼 길 돌아든 여독도
세월의 앓는 소리도
속울음으로 숨겨가며

온통 그리움 덩이 되어

산마을로 돌아 오셨다

노랗게 진 노랗게

9부

아스팔트길 위의 연회

폭염 한가운데
지렁이 한 마리
길을 잘못 들었다

검은 도로는
달군 철판
몸부림 몇 번으로
생은 끝이다

어디선가 달려온
개미들의 검은 대열
가로세로 간격은 맞지 않아도
일사불란하다
운 좋은 날의 횡재

더위가 나누어준
죽음조차
누군가의 축복이 되는 오후

해질녘 내성장에 풍경은 있다

올목졸목 진화된 선술집에
시간의 무게만큼 빛바랜 홍등
제 자리를 알리고
꽃이 지듯 그리 지겠다는
초로인생의 한풀이가 있고
청춘을 돌려 달라는 회한가가
덩달아 춤추며
바닥난 술상 자리에
만만치 않은 인생을 헤집고 왔다는
주모의 푸념도
배슥한 창틀로 새어 나와
검은 밤으로 함몰된다

갓 지난 초승달
수박 등에 얼비치며 묵언 수행 중일 때
들락날락 내성장 밤은
그리움을 엮으며 홍얼홍얼 익어 간다

창평못 I

못
깊고 넓다
켜켜이 쌓인 추억의
수중 곳간
오늘도 새록새록

반세기는 족히 버틴 듯한
익사체로 나신이 된
앙상한 고목
열이렛날 달을 품고
곳간을 지키고 있다

창평못Ⅱ

추적추적 장맛비 속
훌훌 벗어 버린 낮은 시선에
맞닿은 창평호
모든 것 끌어안은 어머님 품 안이다

길가 이리저리 뒤엉켜
일렁이는 칡넝쿨
우리네 인생선을 그리며
그렇게 살아가라 주문하고 있다

산다는 명제 앞에 닫혀버린 가슴
척박하게 살아온 뒤안길 돌아보며
긴 마른 호흡으로
찌든 각질 벗겨본다

들꽃처럼 살아도
외롭지 않을 여정
한걸음에 하나 내리고
두 걸음에 셋 내리며
오늘을 걷는다

저수지에서

바람이 분다
물결 일렁인다
인적 끊긴
산길 돌아드는 곳
허공을 끌어안고
낙조는 붉게 물든다

찌가 흔들리고
산이 흔들린다
낚싯대에 매달려
파닥이는 목숨
생과 사
갈림길에서 애절한 몸부림
해지는 못 가의
슬픈 기도 였다

잡초의 일생

독약을 덮어쓰고
난도질당하고
밟히고
뽑히고

모멸에 미움을
흠뻑 마셔도
시치미 떼고
파랗게 노닐다 간다

쇠비듬Ⅰ

어느 날
태어난 죄로
호미질에 난도질
쌍욕을 듬뿍 덮어쓰고
뙤약볕에 화형도 모자라
콘크리트 농로에서
거열형을 당한다

쇠비듬Ⅱ

어느 날
무리 지어 앉은 곳
예쁜 손길에 잡혀
바구니에 모셔져
살짝 데쳐 오물쪼물 무침
바글바글 된장 속
황금 밥상 위
귀염둥이로 환생한다

내성천 은어

이기적
인간의 산물 안동호
은어
길을 잃고
이름 앞에 두 글자
육봉은어* 명패 달았다

짠맛은 잊고
싱겁게 살아가도
7월의 풋풋함에
황금 모래톱 헤집으며
은빛 섬광
내성천을 밝힌다

*육봉은어 : 바다로 가지 않고 평생 동안 호소등 담수역에서 살아가는 은어

쑥의 일생

이른 봄
온통 푸르름에 밭고랑을 누비려는
야무진 꿈으로 자리하였건만
햇 쑥국이 보양제라
비수에 온몸이 잘리고
밤 뜬눈으로
곁눈길과 깜깜한 땅속 헤매며
고추밭 거름 훔쳐 빨며 키운 몸
쑥떡이 별미라며
순이 잘리고 잎이 뜯기고
그래도 눈물겨운 투쟁으로 살아났더니
이제는 잡초란다
호미로 캐이고 예초기로 동강 나고
독약을 덮어쓰고 쓰러진다

난도질 당한 한 점 뿌리로

꼭꼭 숨었다

내년 봄 환생 할 것이다

잠시 사라질 뿐이다

세월호, 눈물 젖은 세월은 마르지 않는다

가슴이 찢어지는 울분의 도가니를 안고
혼을 버린 사람들이 거리거리를 휩쓸려 허둥댄다
주체할 수 없는 감정 따싸한 봄날 탄식에 취하고

정 없는 세월호

어린 꽃사슴의 환희를 동행해 준다고
기만과 위선 탐욕으로 포장된 야만을 도구로
마수를 뻗친 자들의 덫에 걸려
아무 영문도 모른 체 성난 파도에 묻혀 갔다

어느 봄날 목련이 처참하게 떨어지던 날
초롱한 눈망울의 꽃사슴은 떠났다
천박한 자들의 명줄을 이어 주면서

정답?

여의도의 꼴불견에 터진 분통
변이종 코로나가 날뛰고
물가는 치솟아 부글부글
온통 열 가마다

위도 0도인 적도가
열 따라
북으로 치닫더니
북위 37도 58분인 서울에서
제자리인 양
혼쭐을 놓고 멈췄다

그래서

폭염이고 열대야다

텔레비전을 보다가

입동은 녹고
입춘은 언다
우수가 한파 경보는 아닐진대
하늘이 내려앉고
땅이 솟아도
헤픈 웃음이 진동하고
어차피 순리가 뒤집혀
거꾸로 매달려 가는 세상사

힘겹다
역겹다

여보시오, 당신들 일이 아니오

–대한민국 국회에 고함

좌파니 우파니 이념 전쟁은
역사를 다스리지 못하지요
프랑스 혁명 후 의회의 좌석 배치로 붙여진 이름이요
역사는 史家의 몫이요
주제넘게 선동하지 마세요
우리네가 무지몽매한 것은
내 손으로 당신들을 뽑아 준 것밖에 없소
두 눈 부릅뜨고 지혜 지식 한테 모아 지켜 보고 있소
사마천의 사기 읽어나 보았소 들어 보았소
정답은 거기 있소
일천한 경륜으로 몇 권 법학 책으로
영감 자리 차지한 그네들이 내린 재판도
당신들이 들춰낸 몇몇 증거 앞에
권력에 아첨한 재판이 아닌지 누가 장담하겠소

국정이니 검정이니 우리네 선동하지 마소

으슥한 골목에 대나무 깃발이 있고

붉은 천 노랑 천 나폴 되는 곳,
서울에도 있고 지방에도 있소
그들에게 분에 넘친 세비 희사 하고
한국판 사마천을 찾으소

여의치 않으면
내년으로 미루어 보소
우리네가 당신들을 준엄하게 심판 해 줄테니
그것이 국정이고 검정이요
우리네가 사마천이고

나팔꽃 유감

꽃은 건조한 일상을 살아가는 우리네에게
촉촉한 감성을 자아내게하고
잃어버린 미소를 찾아 주며
터져 버릴 것 같은 울화를 녹여도 준다
수만 종의 꽃이 있어 사람에 따라
좋아하는 꽃도 각양각색이다

나는 유달리 나팔꽃을 좋아한다
어릴 적 우리 집은 도랑가 조그마한 초가집이었다
여느 집과 같이 싸리나무 울타리가 있었고
초여름부터 그곳에는 어김없이
나팔꽃이 흐드러지게 피어 있엇다
청색, 자주색, 보라색 등
그때 누나들과 동요 "꽃밭에서"를 흥얼거렸다
“아빠하고 나하고 만든 꽃밭에...나팔꽃도 어울리게 피었습니다”
오십여 년 전 돌아가신 아버지와 노년을 힘겹게 보내고
계신 누님들의 생각에 잠기는 때이면

지금도 부르고 또 부른다

그런데 추억이 현실에 부닥치면서 갈등을 잉태하고 미움으로 변질되면서 요즘 나팔꽃 괴로움에 착잡하다
올여름을 지나면서 나팔꽃을 무수히 짓밟아 버렸다
번식력이 어쩌나 좋은지 참깨, 들깨, 대추나무에 칭칭 감고 뻗어 나가는 것이 온 밭을 초토화 시킨다
게으른 초보 농사꾼이라 초기에 진압을 못 했고
포승줄에 꽁꽁 묶인 곡식을 해방 시킨다는 것은 훼손이 많을 것 같아 소수점 두 자리(?) 까지의 손익 계산에서 현 상태 유지로 결론을 내렸고 추수를 하게 되었다
깨반 나팔꽃 씨 반이니 수확 결과는 뻔하지 않는가
내년에는 나팔꽃과 전쟁을 벌여 초기에 완선 진압하겠다고 벼루며 다짐했다
아내의 한마디 “나팔꽃을 그렇게 좋아하더니…”

엊그제가 음력 구월 십이일
달빛이 너무 좋아 마당 한구석을 서성이는데 깡마른 옥수숫대에 꽃이 피어 있었다
그 곳은 아버지가 육십 년 전 심어 고택에 살고 있는 것을 삼 년 전 이식한 감나무 밑이다
나팔꽃이다

자주색 두 송이 청색 한 송이다
식수까지 위협 받는 혹독한 가뭄에 며칠 전 서리도 한 두 번 내렸는데
찬 서리 맞아 가며 마른 가슴 안고 마당 한구석에서 떨어지는 잎새를 보며 조마조마 떨고 밤을 지새웠을 꽃을 보며
또 어릴 적 싸리나무 울타리에 나팔꽃이 생각나 콧등이 시큰하다
아니야 내년에도 나팔꽃은 내 꽃이야
며칠 전 울화통 속의 맹세는 나를 부끄럽게 한다
비닐을 곱게 덮어 주었다
떨지 말고 웃으며 떠나라고
내년에 곱게 단장하고 다시 오라고

| 출판사 서평 |

시집 『인생은 예술이다』

–인간의 길 위에서 피어난 예술, 그 치유의 언어

정해수 시인의 시집 『인생은 예술이다』는 오랜 세월 경찰로서 인간의 고뇌와 눈물을 마주해 온 한 인간이, 마침내 삶을 시詩로 환원시킨 깊은 통찰의 기록이다.

이 시집은 단순한 서정의 산물이 아니라, "경찰의 냉철한 삶에서 따뜻함으로" 건너온 한 영혼의 고백이다. 그의 시는 단 한 줄의 언어 속에도 인간의 고통과 구원의 흔적이 함께 숨 쉬고 있다.

시인은 공직에서의 삶을 "인간의 진실을 시처럼 배우던 시간"이라 고백한다. 법의 이름으로 타인을 재단하면서도 그 내면의 상처를 응시했던 시간은, 결국 그를 시의 자리로 이끌었다.

이 시집은 그가 법과 인간 사이의 간극에서 길어 올린 인간학적 성찰이며, 또한 한 생애가 어떻게 예술로 승화되는가를 보여주는 서사이기도 하다.

귀향 이후, 시인은 봉화 문수골의 들녘과 새소리 속에서 다시 '인간으로 돌아왔다'.

그가 가꾸어낸 농촌공동체와 생태예술제의 현장은 단순한 지역운동이 아니라 '예술로서의 삶'을 실천한 무대였다.

그의 손끝에서 피어난 시는 흙냄새와 바람 소리를 품고, 자연과 인간이 서로를 거울처럼 비추는 생명의 노래가 되었다. 그의 시 속에서 우리는 삶과 예술, 인간과 자연이 하나로 어우러진 '조용한 우주적 합일'을 목격하게 된다.

『인생은 예술이다』라는 제목은 단순한 선언이 아니다.

그것은 시인이 스스로의 생애를 관통하며 도달한 결론이자, 인간 존재에 대한 철학적 확신이다. 그는 인간의 기쁨과 슬픔, 눈물과 웃음, 성공과 좌절까지 모두 예술의 일부로 받아들인다. 시인은 말한다.

"사람과 자연, 눈물과 미소, 그 모든 것이 예술이다."

이 문장은 이 시집의 전 체계를 꿰뚫는 중심축이며, 인간을 단죄하는 대신 인간을 이해하려는 그의 시적 태도를 잘 드러낸다.

그의 시는 화해의 언어다.

시인은 자신의 삶을 '속죄와 위안'이라 표현하며, 그 안에서 인간의 존엄과 자연의 순환을 동시에 끌어안는다. 그리하여 그의 시는 독자에게 상처의 고백이 아니라 '회복의 노래'로 다가온다. 정해수 시인의 언어는 꾸밈이 없다.

그는 삶의 본질을 장식하지 않는다.

대신 흙처럼, 물처럼, 바람처럼 존재한다. 그의 시는 자연의 언어로 말하고, 그리움의 온도로 숨 쉰다. 그는 우리에게 묻는다. "인생이란 무엇인가?"

그리고 대답한다. "인생은 예술이다."

이 한 문장은, 세월을 견딘 인간만이 쓸 수 있는 문장이다.

『인생은 예술이다』는 단지 시집의 제목이 아니라, 시인의 철학이며, 또한 한 인간의 마지막 고백이다.

이 시집을 읽는 동안 우리는 한 사람의 생애가 어떻게 시로 승화되는지를 보게 된다. 법의 언어로 사람을 이해하던 그가, 이제 시의 언어로 사람을 위로한다. 그의 시는 차가운 시대를 녹이는 불씨이며, 또한 인간이 인간을 향해 건네는 가장 따뜻한 인사이다.

정해수 시인의 시는 결국 우리 모두의 이야기다. 그의 시 속에서 독자는 자기의 상처를 보고, 자기의 길을 찾는다. 그가 일생 동안 품어온 질문 - "인생이란 무엇인가?" - 는 이제 독자의 마음속에서 다시 울린다.

그리고 우리는 조용히 고개를 끄덕이게 된다.

"그래, 인생은 결국 예술이구나."

인생은 예술이다

정해수 시집

인쇄일 2025년 11월 3일
발행일 2025년 11월 7일 (음. 9월 18일)

펴낸이 정해수
경북 봉화군 봉성면 시거리길 196
TEL. 010-6816-6858

펴낸곳 도서출판 느티나무
경상북도 영주시 지천로 183 (2층)
TEL. 054) 633-5885 FAX. 054) 633-5886

값 12,000원

ISBN 978-89-98991-77-7